Disney
ミッキーマウス 90のひみつ
講談社

すべては一匹の
ネズミから始まった

　1928年11月18日、『蒸気船ウィリー』で衝撃のデビューを飾ったミッキーマウスは、またたくまに大スターになり、ウォルト・ディズニーの名を一躍有名にしました。ミッキーをきっかけに映画界で大成功を収め、グッズ、テレビ、パーク……と、世界を広げていったウォルトは、後年、ミッキーへの感謝をこめて、こう語りました。「決して忘れないでほしい。すべては一匹のネズミから始まったということを」と。

02

ミッキーはニューヨークでデビューした

船員のミッキーは乗客のミニーと一緒に、動物や小道具を楽器代わりに音楽を楽しみます

　『蒸気船ウィリー』が公開されたのは、ニューヨークのブロードウェイにあるコロニー劇場でした。『蒸気船ウィリー』は、映像と音がぴったりシンクロしたトーキーアニメーション。小さなネズミがスクリーンのなかで口笛を吹き、音楽を奏でると、観客はたちまち魅了されてしまったのです。コロニー劇場は後にブロードウェイ劇場と名を変え、1940年11月13日、ミッキー初の長編出演作『ファンタジア』が公開されました。

03

ミッキー作品の第1作は、『蒸気船ウィリー』ではない

　ミッキーがデビューする前に、サイレントで『プレーン・クレイジー』と『ギャロッピン・ガウチョ』という2作が作られています。出来は悪くなかったのですが、なかなか買い手がつかず、なにか工夫が必要だと思ったウォルト・ディズニーは、ミッキーを当時最先端のトーキーでデビューさせようと閃き、製作途中だった『蒸気船ウィリー』を、トーキーに作りかえたのです。前の2作も『蒸気船ウィリー』公開後に、音声をつけて公開されました。

04

ミッキーとミニーは
初共演でキスをした

　最初のミッキー作品『プレーン・クレイジー』には、ミニーも出演。これが2人の出会いにして初共演でした。ミッキーとミニーは、最初から運命の恋人だったのです。1927年に大西洋横断単独無着陸飛行に成功した空の英雄チャールズ・リンドバーグに憧れたミッキーは、飛行機を作り、ミニーを誘って初飛行へ。空の上で2人きりになると、ミッキーはミニーに強引にキスをして、怒ったミニーにビンタを食らってしまいました。

05

ディズニー・キャラクターの第1号は、ミッキーマウスではない

　1923年にハリウッドで会社を興したウォルト・ディズニーは、実写の少女とアニメーションを合成した「アリス・コメディー」という短編シリーズを製作しました。1925年、ここに悪役として登場したのが、ピートです。当時は、クマやオオカミのようだったり、名前もペグ・レグ・ピート、ブラック・ピートなどと呼ばれていましたが、『蒸気船ウィリー』で意地悪な船長を演じ、以後ミッキーやドナルドの敵役として活躍しています。

ドナルドは、悪役として
デビューした？

ドナルドと一緒に登場したブタのピーター・ピッグは、ドナルドのように脚光を浴びることなく、この1作で姿を消します

　ドナルドは、1934年6月9日、ミッキー作品と並行して作られていた「シリー・シンフォニー」というシリーズの『かしこいメンドリ』でデビュー。働き者のメンドリにトウモロコシの種まきを頼まれると仮病を使い、ちゃっかり収穫物だけいただこうとする怠け者のアヒルで、一種悪役的な存在でした。でも、そのアクの強さゆえ抜擢されて、出演2作目の『ミッキーの芝居見物』(1934)でミッキーと共演。スターへの道を歩みだしたのです。

07

ミッキーには
ウマとウシの友だちがいる

『ミッキーの浜辺騒動』(1931)

　初期のミッキー作品で活躍していた、ウマのホーレス・ホースカラーとウシのクララベル・カウ。それぞれ首にカラー(襟飾り)とベルをつけています。パークでもおなじみの2人は1929年、『ミッキーの畑仕事』でデビューしました。このときは、農耕馬と乳牛でしたが、やがて2本足で立ち、服を着て擬人化され、ミッキーとミニーの友人に昇格しました。1934年にデビューしたクララ・クラックというメンドリの友人もいます。

08

ミッキーは8回
アカデミー賞にノミネートされた

『ミッキーとあざらし』

　アカデミー賞に短編アニメーション賞が加わったのは、1932年の第5回の授賞式からで、『ミッキーの子沢山』(1931)がノミネートされました。以後、『ミッキーの摩天楼狂笑曲』(1933)、『ミッキーの巨人退治』(1938)、『ミッキーの猟は楽し』(1939)、『ミッキーとあざらし』(1948)、『ミッキーのクリスマスキャロル』(1983)、『ミッキーのアルバイトは危機一髪』(1995)、『ミッキーのミニー救出大作戦』(2013)と、ノミネート作品は全部で8本。

09

ミッキーは音楽とともにデビューした

『白雪姫』(1937) も『アナと雪の女王』(2013) も、音楽に彩られたミュージカルアニメーションです。その原点が『蒸気船ウィリー』といえるでしょう。ミッキーは1910年代のヒット曲「蒸気船ビル」のメロディーを口笛で奏で、ミニーと一緒に動物や道具を楽器にしてアメリカ民謡「わらの中の七面鳥」を演奏します。ウォルト・ディズニーは、トーキーの特徴を最大限に生かすため、音楽を効果的に用いて観客の心をつかんだのです。

10

アメリカ大統領も ミッキーファンだった

世界恐慌のさなか、第32代アメリカ大統領に就任したフランクリン・ルーズベルト (任期1933-1945) は、不況を克服するためにニューディールと呼ばれる経済政策を打ち出しました。不況を狼に見立てて「狼なんかこわくない」と歌うディズニーの『三匹の子ぶた』(1933) の精神に共感したルーズベルトは、ミッキーをはじめとするディズニーアニメのファンで、長編映画の前に上映されるミッキーのアニメを必ず見るようにしていたそうです。

11

グーフィーには息子がいる

『グーフィー・ムービー／ホリデーは最高!!』

　グーフィーの息子マックスが登場したのは、1992年のテレビシリーズ「パパはグーフィー」でした。1995年には、父子の関係を描いた長編『グーフィー・ムービー／ホリデーは最高!!』も劇場公開されました。グーフィーの初代声優で、ディズニーのスタッフでもあったピント・コルヴィッグは、『三匹のこぶた』(1933)のプラクティカル・ビッグや、『白雪姫』(1937)のグランピーとスリーピーの声も演じています。

12

ミッキーは極秘で生み出された

　1927年、ウォルト・ディズニーは「しあわせウサギのオズワルド」というアニメシリーズを製作。オズワルドは人気者になりましたが、作品の版権は配給業者にあり、ウォルトは自分の生み出したキャラクターを奪われてしまいます。失意のウォルトが一発逆転をかけて創造したのがミッキーマウス。ウォルトは、ミッキーマウスの存在を配給業者側に知られないように、秘密裏にミッキー作品を作りはじめたのです。

13

ミッキーのモデルは
チャップリンだった？

ミッキーは、1933年の『ミッキーの名優オンパレード』でチャップリン（右）と共演しています。左は、やはり当時の人気スターだったハロルド・ロイド

　ウォルト・ディズニーは喜劇王といわれたチャップリンの大ファンで、個人的な親交もありました。ウォルトは、「チャップリンの、ちょっともの寂しげな雰囲気をもつ小ネズミにしようと思った」と、ミッキーのキャラクターがチャップリンからヒントを得ていることを認めています。チャップリンが演じる放浪者チャーリーは、貧しくてもいつも全力を尽くし、周囲の人を幸せにします。ウォルトは、そんな姿を小さなミッキーに重ねたのです。

14

ミッキーとミニーの声優は、実生活で夫婦だった

ウェイン・オルウィンとルシー・テイラーがミッキーとミニーの声を演じた『ミッキーのアルバイトは危機一髪』(1995)

　ディズニー・スタジオの音響効果技術者だったウェイン・オルウィンは、1977年、ミッキーの3代目声優となりました。彼は1991年に、ミニーの声優を務めていた女優のルシー・テイラーと結婚。2008年には夫婦で、ディズニーに貢献した人に贈られるディズニー・レジェンドを受賞しています。ウェイン・オルウィンは、2009年に亡くなりましたが、ルシー・テイラーは現在も、ミニーのほかヒューイ、デューイ、ルーイなどの声も演じています。

15

東京を舞台にした
ミッキーアニメがある

　2013年からディズニー・チャンネルで放映されている「ミッキーマウス！」は、アニメーション界のベテラン、ポール・ルーディッシュ制作の、新しいアートスタイルが斬新な短編シリーズ。シュールでクールなミッキーが注目を集めました。ストーリーの舞台には世界各国がとりあげられ、日本をモチーフにしたエピソードもあります。東京にいるミッキーは、満員電車に乗ったり、お相撲さんと遭遇したりしました。

16

プルートの彼女は
ペキニーズ

『ミッキーの日曜日』。プルートとフィフィ

　1933年の『ミッキーの日曜日』。ミッキーに連れられてミニーの家に遊びにいったプルートは、ミニーの飼い犬で愛らしいペキニーズのフィフィに出会い、すっかり夢中になってしまいました。フィフィは、その後も『ミッキーの犬泥棒』(1934) や『ミッキーの愛犬』(1939) などに出演。プルートがミッキーから独立したプルート・シリーズの第1作、1937年の『プルートの五つ子』では、プルートと一緒にプルートそっくりの5匹の子犬を育てています。

17

ミッキーが泣いた日

フロリダ・プロジェクトの説明をする晩年のウォルト

　1966年12月15日、ウォルト・ディズニーは、65歳の誕生日を迎えた10日後に肺癌で亡くなりました。世界じゅうの新聞、ラジオ、テレビが、20世紀のエンターテイメント界に革命をもたらしたウォルトの死を報じ、ミッキーとともに悲しみに暮れたのでした。ウォルトとの別れを嘆くミッキーの泣き顔が、直後に出版されたフランスの有名週刊誌「パリ・マッチ」の表紙を飾りました。

18

『ミッキーのクリスマスキャロル』の主役はミッキーではない

ミニーもミッキーの妻役で出演、2人のあいだには3人の子どもがいます

　1983年の『ミッキーのクリスマスキャロル』は、イギリスの文豪チャールズ・ディケンズの有名な小説を、ディズニーのオールスター・キャストで演じた中編アニメーションです。ここで主役に抜擢されたのは、ドナルドのお金持ちのおじさん、スクルージ・マクダック。ミッキーは、強欲な金貸しのエベニーザー・スクルージのもと、低賃金でこき使われている善良な事務員のボブ・クラチットを熱演しています。

19

パークを案内してくれる
ミッキーの人形があった

　2003年4月、ウォルト・ディズニー・ワールドで、「パル・ミッキー」という、単3電池で動くミッキーの人形が売り出され、貸し出しもされました。これは、赤外線センサーとスピーカーがついていて、パーク内の現在地を感知し、アトラクションの待ち時間やパレードのスケジュール、キャラクターに会える場所などの情報を教えてくれるほか、ゲームをしたり歌を歌ったりして、園内にいるゲストを楽しませてくれる人形でした。

20

デビュー時のチップとデールは区別がなかった

『リスの山小屋合戦』。2匹ともチップ型に描かれています

　2匹のデビューは、1943年の『プルートの二等兵』。兵隊としてまじめに任務に励むプルートをからかって、やんちゃぶりを発揮し、出演2作目の『リスの山小屋合戦』(1946)でもプルートを手玉に取っています。ただし、この2作では2匹の区別も名前もありませんでした。ちなみに現在の2匹の見分け方は、チップは黒くて小さい鼻に、歯が1本。デールは赤くて大きめの鼻に、すきまのある歯が2本、額に前髪のような毛があります。

21

ミッキーの手袋は、ピアノ演奏のためにつけた？

　ミッキーが、今やトレードマークともいえる白い手袋を初めてはめたのは、出演5作目の『ミッキーのオペラ見物』(1929)でした。ミッキーは、ボードビル(歌や踊り、寸劇などを交えた演芸ショー)の劇場主にして出演者。白い手袋をして颯爽と舞台に登場し、みごとなピアノ演奏を披露しています。もっとも、その前の演目のアラビア風ダンスでも手袋をしているので、ピアノ演奏のためというより舞台用の装いだったのかもしれませんね。

22

「魔法使いの弟子」の帽子のビルがある

設計者は、東京ディズニーリゾートのディズニーアンバサダーホテルも手がけたロバート・スターン。現在はロイ・E・ディズニー・アニメーション・ビルディングと呼ばれています

　写真は、1994年に、ロサンゼルス郊外のバーバンクにあるディズニー・スタジオに隣接する土地に建てられた「フィーチャー・アニメーション・ビルディング」です。フィーチャー・アニメーションというのは、ディズニーの長編アニメーションを製作する部門。『ファンタジア』(1940)の「魔法使いの弟子」でミッキーがかぶっていたとんがり帽子をモチーフにした、このモダンな建物が、ディズニー長編アニメーションの拠点となっています。

23

なんだ！ミッキーマウスじゃないのか

デビュー作の『蒸気船ウィリー』(1928)

　デビューと同時にスターになったミッキーマウス。1930年代に入り、その人気は高まる一方でした。当時ミッキーの短編アニメーションは、長編映画と併映されるオマケのような扱いでしたが、本編の長編映画をしのぐ人気で、観客は併映がミッキー作品じゃないとがっかり。「What! No Mickey Mouse (なんだ！ミッキーマウスじゃないのか)」というのが流行語になったほどでした。

24

ミッキーは名作文学を演じた

ミッキーが鏡の向こうの別世界へ行く『ミッキーの夢物語』

　ディケンズの名作が原作の『ミッキーのクリスマスキャロル』以外にも、ジョナサン・スウィフトの「ガリバー旅行記」を模した『ミッキーのガリバー旅行記』(1934)、ルイス・キャロルの「鏡の国のアリス」からヒントを得た『ミッキーの夢物語』(1936) など、名作文学から生まれた作品があります。また「魔法使いの弟子」は、フランスの作曲家ポール・デュカの交響詩を映像化したもので、ゲーテが詩に読んだ古い物語がもとになっています。

25

ドナルドとデイジーは メキシコで出会った？

『ドナルドのメキシカン・ドライブ』。デビュー当時のデイジーは、ドナルド同様のギャアギャア声でした

　デイジーは1937年、メキシコを舞台にした『ドナルドのメキシカン・ドライブ』でデビュー、名前をドンナ・ダックといいました。1940年の『ドナルドのダンス大好き』でデイジーダックとして再登場して、正式にドナルドの恋人となりました。キュートなミニーに対して、デイジーはセクシー系。
　ドナルドを尻に敷く気の強さも魅力で、ドナルドは、そんなデイジーにぞっこんです。

26

パイカットと呼ばれる
ミッキーの目の形がある

　デビュー前に作られた『プレーン・クレイジー』と『ギャロッピン・ガウチョ』のミッキーの目には大きな白目がありましたが、『蒸気船ウィリー』では、真っ黒な楕円形の目になっています。やがて、目の輝きを表現するために考えだされたのが、円形のパイを一切れ切りとったような白い"切れ込み"で、パイカットと呼ばれています。主にポスターやグッズに用いられましたが、初期のアニメ作品の一部にも使われています。

27

ミッキーは宇宙へ行った？

　1961年、アメリカは、人類を月に送るための「アポロ計画」を発表。ミッキーのデビュー40周年にあたる1968年に打ち上げられたアポロ7号で、初の有人宇宙飛行に成功します。このアポロ7号の船長、宇宙飛行士のウォルター・シラーは、この年、ブーム再来となっていたミッキー時計をつけて宇宙へ行ったのです。ちなみに、人類を月に着陸させることに成功したのは、1969年7月16日に打ち上げられたアポロ11号でした。

28

グーフィーは「おかしなイヌ」？

中央でピーナツの袋を手にしているのがディピー・ダウグ

　1932年の『ミッキー一座』で、ミッキーたちの演し物を笑いながら見ているヘンな観客がいました。これがデビュー時のグーフィーで、「おかしなイヌ」という意味の「Dippy Dawg」と呼ばれていました。やがて「Goofy」となったものの、こちらは「マヌケな」という意味。この改名が出世といえるかは疑問ですが、グーフィーはその名のとおり、愛嬌たっぷりのマヌケぶりが魅力のひとつになっています。

29

ミッキーの生みの親は、ウォルト・ディズニーではない？

『蒸気船ウィリー』をはじめ、初期のミッキー作品冒頭のタイトルロールには、「A WALT DISNEY COMIC by UB IWERKS」と記されています。アブ・アイワークスはウォルトと同い年、10代の頃からの親友にして早描きの天才アニメーターです。ウォルトとともにミッキーをデザインしたアブは、初期のミッキー作品を一人で描きあげ、ミッキーを生き生きと動かして命を吹きこみ、"ミッキーの真の生みの親"といわれています。

30

ミッキーには
ファンクラブがあった

　1929年、ミッキー人気が沸騰するなか、カリフォルニア州オーシャン・パークにあるフォックスドーム劇場が、子どもたちのために「ミッキーマウス・クラブ」を立ちあげました。会員になると、毎週土曜日にミッキーアニメを鑑賞するミーティングに参加できるという、ミッキーのファンクラブです。まだ家庭にテレビもない時代、たちまち全米の劇場に広がって、全盛期には会員数が100万人を突破するほどの人気でした。

31

ミッキーのマンガは、新聞に載っていた

　新聞にマンガを配給するキング・フィーチャーズ社からの、「ミッキーを新聞に登場させたい」という要望に応え、1930年1月13日、ミッキーの新聞マンガ（コミック・ストリップ）の連載がスタートしました。最初は、ウォルト・ディズニー自らがストーリーを考え、"ミッキーの真の生みの親"といわれるアニメーターのアブ・アイワークスが鉛筆画を起こし、アブの助手がペン入れをするという分業体制でした。

32

ミッキーの初代声優は
ウォルト・ディズニー

　ミッキーの声を、ウォルト・ディズニー自身が務めていたことは、よく知られています。ミッキーのデビュー当時は予算がなかったこともあり、ウォルトは、「どうせいつもスタジオにいるのだから、自分でやればいい」と考えたようです。甲高い裏声で、20年近くもミッキーの声を演じ続けました。ミッキーはウォルトの分身ともいわれ、ミッキーを描くアニメーターが、セリフを録音中のウォルトの表情を参考にすることもあったとか。

33

ミニーの初代声優も
ウォルトだった

　デビュー当初はミッキーもミニーも、ほとんどセリフがなく、ミニーの声もウォルト・ディズニーが担当していましたが、まもなくスタジオのインク＆ペイント（アニメーターの絵をセルにトレースし、彩色する部門）のスタッフだったマーセリット・ガーナーにバトンタッチ。1941年に彼女が退社した後は、声優のセルマ・ボードマン、女優のルース・クリフォードに受け継がれ、1986年から今日までルシー・テイラーがミニーの声を務めています。

34

ミッキーは誕生日に ピアノをもらった

『ミッキーの誕生日』

　1931年の『ミッキーのバースデー・パーティー』は、ミッキーの誕生日に、仲間たちがミニーの家でサプライズパーティーを企画するお話。ここでミッキーに贈られたのは、小型のピアノでした。それをカラーでリメイクしたのが、1942年の『ミッキーの誕生日』で、1931年にはデビューしていなかったグーフィーやドナルドが活躍しています。そして、ミッキーへのプレゼントも進化を遂げ、電気オルガンになりました。

35

ウォルトは、ミッキーの
テーマソングを作詞した

『ミッキーのフォーリーズ』で「ミニーのユー・フー！」を歌うミッキー

　ミッキーがテーマソングの「ミニーのユー・フー！」を初披露したのは、1929年の『ミッキーのフォーリーズ』でした。フォーリーズとは、滑稽な芝居や歌などを組み合わせたレビューのことで、アヒルやニワトリ、ブタなどが愉快なショーを繰り広げます。「ミニーのユー・フー！」はウォルト・ディズニー自身が作詞。作曲は音楽家のカール・ストーリングで、翌1930年にはディズニー音楽として初めて楽譜が出版されました。

36

プルートはミニーの
飼い犬だった

『ミッキーのピクニック』

　プルートは1930年9月5日、『ミッキーの陽気な囚人』で、嗅覚の鋭いブラッドハウンド犬としてデビューしました。でも、このときは刑務所の番犬で、名前もありません。そして出演2作目、やはり1930年の『ミッキーのピクニック』ではローヴァーと呼ばれ、ミニーの飼い犬だったのです。晴れて「ミッキーの愛犬プルート」という役回りと名前をゲットしたのは、出演3作目、1931年の『ミッキーの猟銃』でした。

37

トゥーンタウンのもとに
なった映画がある

カリフォルニア　ディズニーランド・パークの、「ミッキーのトゥーンタウン」にあるミッキーの家

　1988年に公開された『ロジャー・ラビット』は、スティーヴン・スピルバーグを共同プロデューサーに迎え、実写とアニメーションを完璧に融合させた傑作ファンタジーです。舞台は1947年のハリウッド、アニメキャラクターのトゥーンと人間が共存する世界。この作品で、人気スターのロジャー・ラビットやミッキーなど、トゥーンたちが住む街という発想が提示され、パークのトゥーンタウンが生まれました。

ミッキーは
名指揮者

『ミッキーの大演奏会』は、ミッキー初のカラー作品。ミッキーは真っ赤な衣装で登場しました

　ミッキーが最初に指揮者を務めたのは、農場の動物たちのコンサート『名指揮者ミッキー』(1930)でした。その後も、『ミッキーの動物音楽隊』(1931)、『ミッキー一座』(1932)、『ミッキーの大演奏会』(1935)、『ミッキーのグランドオペラ』(1936)、『ミッキーのオーケストラ』(1942)などでタクトを振っています。その名指揮者ぶりは、『ミッキーの大演奏会』を見たイタリア出身の大指揮者アルトゥーロ・トスカニーニも絶賛したと伝えられます。

39

『ファンタジア』は短編の予定だった

　1930年代後半、ウォルト・ディズニーは、ミッキーに新たな活躍の場を与えようと、ポール・デュカの交響詩「魔法使いの弟子」のアニメーション化を考えます。当初は短編の予定でしたが、ウォルトが、当時フィラデルフィア管弦楽団の指揮者だったレオポルド・ストコフスキーに出会ったことから、画期的なコンサート映画『ファンタジア』(1940)へと発展。ミッキー初の長編出演となりました。

40

チップとデールは
ドナルドの天敵

『リスの食糧難』(1949)

　無名のシマリスコンビとしてデビューしたチップとデールに、名前と個性が与えられたのは1947年。出演3作目の『リスの住宅難』でドナルドと遭遇し、あくなき戦いの火蓋が切られました。短気ゆえに自滅するというドナルドの"個性"と"おかしみ"を存分に生かすべく、2匹は、彼に癇癪を起こさせてギャフンといわせる天敵として抜擢されたのです。以後、1956年の『リスの船長』まで、ドナルドとの攻防は16作にも及びます。

41

ミッキーの名づけ親は
ウォルトの妻

　1923年、会社を設立してまもないウォルト・ディズニーは、一人の女性を雇い入れました。アイダホ州出身のリリアン・バウンズ、ウォルトより2歳年上でした。やがて2人は交際するようになり、1925年7月に結婚。ウォルトは、ウサギのオズワルドに代わるネズミのキャラクターを思いついたとき、モーティマー・マウスと名づけるつもりでした。それを聞いたリリアンが難色を示し、ミッキーという名を提案したといわれています。

42

ミッキーに恋のライバルがいた？

　1936年の『ミッキーのライバル大騒動』には、ウォルトが最初に考えたモーティマー・マウスという名前のキャラクターが登場します。モーティマーは、黄色い派手なスポーツカーを乗り回す長身のキザ男。ミニーの気を引き、ミッキーにいたずらを仕掛けてミッキーを怒らせますが、雄ウシに襲われそうになると、ミニーをほったらかして一目散に逃走。ピンチのミニーを救ったのは、やっぱりミッキーでした。

43

ミッキーのテレビ番組は最高視聴率75％を記録した

「ミッキーマウス・クラブ」のタイトル映像。まだ白黒テレビの時代でした

アメリカでテレビが普及しはじめた1950年代、大手映画会社が新興メディアのテレビを敵とみなして無視していたなか、ウォルト・ディズニーはテレビの将来性を見抜き、先陣を切って番組製作に乗り出しました。1955年10月から始まった「ミッキーマウス・クラブ」は、毎週月曜から金曜まで放映された1時間番組で、ミッキーは曜日ごとに衣装を変えて出演。最高視聴率75パーセントという驚異的な数字を記録した超人気番組となりました。

44

ミッキーの最初のセリフは「ホットドッグ！」だった

　トーキーとはいえ、デビュー当初は叫び声や笑い声だけだったミッキーが、初めてセリフらしいセリフを発したのは、出演9作目の『カーニバル・キッド』(1929)でした。遊園地でホットドッグを売るミッキーは、「ホットドッグ！ホットドッグ！」と声を張りあげています。人気ダンサーのミニーの注文でホットドッグを作るのですが、食べようとすると、ソーセージが dog＝イヌのようにキャンキャン鳴きながら逃げだしてしまいました。

45

ミッキーは巨人と 3度戦った

『ミッキーの巨人退治』。ミッキーは巨人退治のごほうびに、王様からミニー姫との結婚を許されます

　巨人のゴリアテをヒツジ飼いの少年ダビデが倒すという旧約聖書のエピソードは、小さな弱者が強大な敵を打ち負かす喩え話となっています。ミッキーもまたしかり。『ミッキーの巨人征服』(1933)、『ミッキーの巨人退治』(1938)、『こぐま物語、ミッキーと豆の木』(1947)と、3度にわたり巨人と戦って勝利しました。『ミッキーの巨人征服』はイギリス民話の「ジャックと豆の木」をもとにしたもので、「ミッキーと豆の木」の前段階的な作品です。

46

日本で最初のミッキーの本は、1950年に出版された

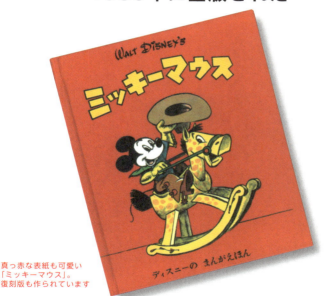

真っ赤な表紙も可愛い
「ミッキーマウス」。
復刻版も作られています

　今から約70年前の1950年、ディズニーの『白雪姫』(1937) が日本で初公開され、センセーションを巻き起こしました。そしてこの年、これまた日本で初めて、ディズニーの絵本が正式に出版されたのです。1949年、講談社はディズニー社と出版契約を結び、翌1950年に「ディズニーのまんがえほん」として「ミッキーマウス」をはじめ「プルートパップ」「ドナルドダック」「七にんのこびと」の4冊が売り出されました。

47

ドナルドには
ラテン系の友だちがいる

ドナルドの青と白、パンチートの赤、ホセの緑と黄色、色も印象的なトリオです

　ホセ・キャリオカとパンチート。東京ディズニーランドでも〝ホセパン〟として親しまれていますね。1943年公開の『ラテン・アメリカの旅』でデビューしたホセ・キャリオカはブラジルのダンディなオウム。キャリオカとは、カーニバルで有名なブラジルの観光地リオデジャネイロの住人を指す言葉です。1945年の『三人の騎士』でメキシカン・カウボーイのオンドリ、パンチートがデビューして、3羽のトリ・トリオが結成されました。

48

ミッキーの短編は『アナ雪』と同時上映された

　ミッキーの短編最新作『ミッキーのミニー救出大作戦』は、世界的な大ヒットとなった2013年の『アナと雪の女王』と同時上映されました。かつてウォルト・ディズニーが演じたミッキーの声など、スタジオに残っている音源をできるかぎり使って作られ、レトロな2Dモノクロのスクリーンからミッキーたちが3Dカラーになって飛び出して、ピートにさらわれたミニーを救出します。アニメーションのアカデミー賞といわれるアニー賞を受賞。

フランスで製作された
ミッキーの短編がある

フランスのスタジオでは、『ミッキーのアルバイトは危機一髪』のほか、テレビ番組や『ノートルダムの鐘』(1996) などの長編も作られましたが、2003年に閉鎖されました

　1995年の『ミッキーのアルバイトは危機一髪』は、当時フランスのパリ郊外モントルイユにあったディズニーのスタジオで作られました。マッド・サイエンティストのフランクノリー博士の実験で、悪役のピート演ずるモンスターのようなジュリアスと、ミッキーの脳が入れ替わってしまうという内容。ちなみに、フランクノリーとは、スタジオの伝説的アニメーター、フランク・トーマスとオリー・ジョンストンからとったネーミングです。

50

ミッキーは
ハリウッドの名士

　ミッキーがデビュー50周年を迎えた1978年、50年間もの長きにわたり第一線のスターとして活躍し続けた業績が認められ、ショービジネス界に貢献した人の名前が印されるハリウッドの「ウォーク・オブ・フェイム」に、ミッキーの星形プレートが加わりました。これはいうまでもなく、アニメーションのキャラクターとして初めての快挙で、ミッキーは名実ともにハリウッドの名士となったのです。

51

ミッキーはミニーの家の庭を掃除したことがある

　1941年の『ミッキーのつむじ風』で、ミッキーは、ミニーの手作りケーキ食べたさに庭の掃除を申し出て、せっせと落ち葉を掃きますが、いたずら好きの赤ちゃんつむじ風がいたずらして散らかるばかり。ミッキーが、つむじ風を追い回して懲らしめようとしたところへ、巨大なママつむじ風（竜巻）が現れて庭はめちゃくちゃ。ミッキーは怒ったミニーに、パイ投げさながら顔にケーキを投げつけられ、予想外のかたちでケーキにありつきます。

52

ミッキーのコミックを 45年間も描き続けた人がいる

　その人の名は、フロイド・ゴットフレッドソン。最初に新聞コミックを描いていたアブ・アイワークスの代わりとして、ウォルト・ディズニーが白羽の矢を立てたのです。初めは気乗りのしなかったゴットフレッドソンですが、ウォルトに「他の人を見つけるまで数週間だけ頼む」と説得され、1930年の5月5日から担当しました。その後どうなったかというと、彼は1975年に引退するまで、45年間もミッキーのコミックを描き続けたのでした。

53

グーフィーはフランスチームのオリンピックマスコットだった

1941年の『リラクタント・ドラゴン』という映画のなかで紹介された『グーフィーの乗馬教室』。『グーフィーの○○教室』の先駆けとなりました

　1980年、ソ連時代のモスクワで開催されたオリンピックで、グーフィーはフランスチームのオフィシャルマスコットを務めました。ドジで、失敗ばかりしているグーフィーが、なぜオリンピックのマスコットに？　グーフィーは、1940年代から『グーフィーの○○教室』と銘打った一連のシリーズで、ありとあらゆるスポーツにチャレンジしてきました。たとえ下手でも前向きにスポーツに取り組み、楽しむ精神が評価されたのでしょう。

54

ミッキーのぬいぐるみは
ミッキーファンの手作りだった

　1930年、カリフォルニアに住むシャーロット・クラークというミッキーファンの女性が、手作りのミッキー人形を持ってディズニー・スタジオを訪ねてきました。これを見て気に入ったウォルト・ディズニーは、シャーロットと組んでミッキー人形の製造にとりかかります。最初は1体ずつ手作りされたため、かなり高額でしたが、まもなくシャーロットの型紙が安く売り出され、家庭で〝我が家のミッキー〟が手作りできるようになったのです。

55

ミッキーはプルートを
売ったことがある

　ミッキーが街を流して演奏する音楽家に扮した、1932年の『ミッキーの街の哀話』。自分も貧しいミッキーですが、クリスマスの夜、さらに貧しい家の子どもたちを見て涙し、お金持ちの家に愛犬のプルートを売って、そのお金でサンタクロースさながら、子どもたちにプレゼントを贈ります。一方、売られたプルートは、わがままで乱暴な悪ガキにいじめられ、ちゃっかり骨つき肉を手に入れてミッキーのもとに逃げ帰ってきたのでした。

56

ミッキーマウス・マーチは
テレビ番組から生まれた

ジミーや出演者の
子どもたちが
かぶっていた、
ミッキーの耳がついた
イヤーキャップは
大ヒット商品に
なりました

「ぼくらのクラブのリーダーは」と始まる「ミッキーマウス・マーチ」。有名なこの歌は、1955年から放映されたテレビ番組「ミッキーマウス・クラブ」のテーマソングとして誕生しました。作詞作曲は、ミュージシャンのジミー・ドッド。彼はテーマソングを作っただけでなく、番組の出演者にも抜擢され、ミッキーの顔がデザインされたミッキーマウス・ギターを手に、番組のために30曲以上もの歌を作って全米の子どもたちに慕われたのです。

57

ミッキーはイタリアで
トポリーノとして親しまれている

「Topolino」とは、イタリア語で「小さなネズミ」という意味です。東京ディズニーシーのメディテレーニアンハーバーは、20世紀初頭のロマンチックな南欧の港町で、あちこちにイタリア語が使われています。エントランスからアーケードをくぐり、目の前に開ける大きな広場、ここは「Piazza Topolino」＝「ミッキーマウス広場」といいます。イタリア語で、ミニーは「Minni」、ドナルドダックは「Paperino」、グーフィーは「Pippo」です。

58

ミッキーの
公式肖像画がある

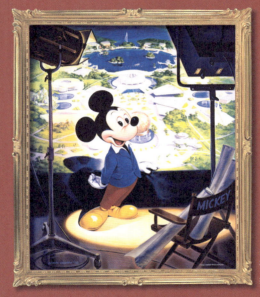

1978年、50周年の肖像画。背景には当時建設中だったフロリダのEPCOTが描かれています

　1953年、ミッキーのデビュー25周年にあたり、ウォルト・ディズニーは、ディズニー・スタジオのアーティストのジョン・ヘンチに、ミッキーのオフィシャル・ポートレートを依頼し、初めてミッキーの公式肖像画が製作されました。ジョン・ヘンチはディズニーランドをはじめ、パーク建設にも大きく貢献し、ウォルトの死後も、ミッキーの50周年、60周年、70周年、75周年と肖像画を描きました。

59

プルートは
アカデミー賞を受賞した

プルートが、ミッキーの可愛がる子ねこに嫉妬する『プルートの悩み』。演技力が光ります

　同じ"イヌ"でも、服を着て2本足で歩き擬人化されているグーフィーと違って、プルートはただのイヌ、口がきけません。それゆえにプルートは、表情や仕草で感情表現をしなければならず、優れた演技力を身につけることになりました。1941年には『プルートの悩み』で、みごとアカデミー賞を受賞しています。とはいえ、これは、1933年の『ミッキーの愛犬プルート』のカラーリメイク版。やっぱりミッキーあってのプルートなのです。

60

ミニーは『ピノキオ』の フィガロを飼っている

『フィガロとフランキー』

　フィガロは『ピノキオ』(1940)で、ピノキオを作ったゼペットさんに飼われていた子ねこ。やんちゃで可愛いフィガロはウォルト・ディズニーもお気に入りだったそうで、短編でも活躍することになりました。1943年の『フィガロとクレオ』で、やはりゼペットさんのペットの金魚のクレオと共演した後、『プルートの仲直り』(1944)、『子ねこのフィガロ』(1946)、『フィガロとフランキー』(1947)などに、ミニーのペットとして出演しています。

61

ミッキーには甥っ子がいる

モーティーとフェルディ、唯一の出演作『ミッキーの道路工事』

　1934年の『ミッキーの道路工事』に、ミッキーの甥っ子のモーティーとフェルディが登場。これが大変なやんちゃ坊主たちで、ミッキーはさんざん手を焼きますが、幸いにも彼らの映画出演は、この1作限りでした。じつは、モーティーとフェルディは1932年9月に新聞コミックでデビューし、このときは、ミッキーの姉の双子の息子ということになっていますが、姉の映画出演はありません。

62

ミッキーのおかげで
倒産を免れた会社がある

ライオネル社のトロッコ。この大ヒットを受けて、もっと高価な汽車とレールのセットも発売されました

　無数のミッキーグッズのなかでもとりわけ有名なのが、1933年にインガソル・ウォーターベリー社から売り出された、文字盤にミッキーが描かれ、両腕が針になっている時計です。このミッキー時計が爆発的に売れ、不況のあおりを食らって倒産寸前だった同社は救われたのです。ミッキーのおかげで倒産を免れたのは、オモチャメーカーのライオネル社も同様で、ミッキーとミニーを乗せたゼンマイ仕掛けのトロッコが大ヒット商品となりました。

63

ユニークな凸凹トリオ結成

『ミッキーの大時計』

　誠実で頑張りやのミッキー、せっかちで癇癪持ちのドナルド、のんきでドジなグーフィー。3人が初共演したのは1935年の『ミッキーの自動車修理』で、3人は右往左往しながら修理という名の破壊を繰り広げます。以後、1937年の『ミッキーの大時計』『ミッキーのお化け退治』、1938年の『ミッキーの造船技師』『ミッキーの移動住宅』『ミッキーの捕鯨船』など、絶妙なキャラクターバランスの凸凹トリオが大活躍する傑作の数々が生まれました。

64

ディズニー・スタジオには「ミッキー・アベニュー」という通りがある

ミッキー・アベニューとドーピー・ドライブを示す標識。2つの通りが交差する、この標識が立っている角は「プルート・コーナー（corner＝角）」といいます

　ウォルト・ディズニーは、世界初のカラー長編アニメーション『白雪姫』(1937)の成功により得た資金で、ロサンゼルス郊外のバーバンクに新スタジオを建設し、1940年にオープンしました。この新スタジオのメインストリートが、「ミッキー・アベニュー」です。ミッキー・アベニューと交差する通りは「ドーピー・ドライブ」（avenueもdriveも〝大通り〟という意味）といって、『白雪姫』のこびとの一人から名づけられています。

65

ディズニーアニメーターが、ミッキーのアニメにカメオ出演している

芸達者なフレッド（右）とウォード

　1941年の『ミッキーの青春手帳』は19世紀末を舞台にした作品で、ミッキーとミニーは、古き良き時代のボードビル劇場でショーを楽しみます。ここに、タップダンスとコントを披露する2人組のコメディアンが登場。このコンビ、プログラムに「FRED AND WARD」と記されているとおり、当時のディズニー・スタジオのトップアニメーター、フレッド・ムーアとウォード・キンボールがモデルになっています。

ミッキーの
白目に注目！

アカデミー賞ノミネート作品の『ミッキーの猟は楽し』

　1939年の『ミッキーの猟は楽し』で、それまで最初に作られた2作を除いて黒目だけだったミッキーの目に変化が起きました。白目が加わり、いちだんと表情が豊かになったのです。白目の考案者は、ウォード・キンボール。スタジオのパーティーの案内状にキンボールが描いた白目のある愛らしいミッキーを生かし、アニメーションに取り入れたのが、フレッド・ムーア。そう、『ミッキーの青春手帳』にカメオ出演している2人でした。

チップとデールは恋敵？

パークでも人気のクラリス

　プルートをコケにし、ドナルドをキレさせることに関しては息もぴったり、絶妙のコンビネーションを見せるチップとデールですが、美人が相手だと、そうはいかないようです。1952年の『リス君は歌姫がお好き』で、ナイトクラブのセクシーな歌手クラリスに恋した2匹は、お互いを出し抜こうと競いあって険悪なムードに。そんなチップとデールに対し、かわるがわる両者の気を引きつつ軽くいなすクラリス。この三角関係は永遠に続きそうです。

68

200万枚売れた
ミッキーのレコードがある

「ミッキーマウス・ディスコ」のレコードジャケット

　1977年のジョン・トラボルタ主演の映画『サタデー・ナイト・フィーバー』で火がついたディスコブームを反映して、1979年にレコード・アルバム「ミッキーマウス・ディスコ」がリリースされ、200万枚突破という大ヒットになりました。翌1980年6月には、このレコードをもとに、ミッキーたちのアニメーションから抜粋したシーンで構成した、同名の短編アニメーションも公開されています。

ウォルトはネズミを飼っていた？

　ハリウッドにやってくる前、ミズーリ州カンザスシティでアニメーションを作っていたウォルト・ディズニーは、スタジオをチョロチョロ走りまわっていたネズミをペット代わりにしていたそうです。「しあわせうさぎのオズワルド」に代わるというキャラクターを考えたとき、ウォルトが思い出したのが、そのネズミだったともいわれています。ウォルトにとってネズミは、以前から親しみのある存在だったのです。

70

5大スター
勢ぞろい

　ミッキー、ミニー、プルート、ドナルド、グーフィーの5大スターが初共演したのは、1935年の『ミッキーのアイス・スケート』でした。当時は、デイジーもチップとデールも、まだデビューしていません。『ミッキーのアイス・スケート』は、ミッキーとミニーはスケートを楽しみ、ドナルドはプルートにいたずらを仕掛け、グーフィーはマイペースで氷の下の魚獲り……と、それぞれの持ち味を生かした作品になっています。

71

ウォルトはミッキーの創造で
アカデミー賞を受賞した

　1932年11月18日に行われた第5回アカデミー賞授賞式で、ディズニーの短編シリーズ「シリー・シンフォニー」の『花と木』(1932)が、世界初のカラーアニメーションとして受賞。ウォルト・ディズニーは初めてオスカーを手にしました。一方ノミネートされていた『ミッキーの子沢山』(1931)は受賞を逃したものの、奇しくもこの日はミッキーの4回目の誕生日。ウォルトには、ミッキーマウスの創造に対して特別賞も贈られました。

72

ドナルドには姉がいる

　ヒューイ、デューイ、ルーイ、3人の甥っ子が初めてドナルドを訪ねてきたのは、1938年の『ドナルドの腕白教育』でした。「子どもたちをよろしく」という3人の母親のダンベラからの手紙には「Sister Dumbella」と記されているだけで作品には登場しないため、どんな容姿なのかも、姉なのか妹なのかもはっきりしませんでしたが、2017年に放映されたテレビ番組「ダックテイルズ」では姉という設定になっています。

73

ミニーには
姪っ子がいる

　ミッキーにモーティーとフェルディという甥っ子がいるように、ミニーにも、ミリーとメロディという双子の姪っ子がいます。最近グッズも発売されて注目されている2人は、1962年にコミックでデビュー。ちなみに、ドナルドの3人の甥っ子に対応するように、デイジーにも、エイプリル、メイ、ジューンという3人の姪っ子がいて、1953年に、やはりコミックに登場しました。

74

ミッキーの2代目声優は
ディズニーのスタッフだった

ジム・マクドナルドが最初にミッキーの声を演じた「ミッキーと豆の木」

　スタジオの拡大とともに年々多忙を極めていったウォルト・ディズニーに代わり、ミッキーの2代目声優を務めたのは、ディズニー・スタジオの音響効果技術者として活躍していたジム・マクドナルドでした。マクドナルドは、1947年の『こぐま物語、ミッキーと豆の木』から1977年に退職するまで、約30年ミッキーの声を演じ、音響効果部門の後輩のウェイン・オルウィンにミッキーの声のコツを伝授して代替わりしました。

75

最初のミッキーグッズはノートだった

1929年の秋、仕事でニューヨークにいたウォルト・ディズニーに、一人の男性が近づいてきました。300ドル払うから、子ども向けのノートの表紙にミッキーの絵を使わせてほしいというのです。資金繰りに苦労していたウォルトは軽い気持ちで承諾しましたが、これが大変な売れ行き。ウォルトは安易に商品化を許してしまったことを反省し、同じような申し出が続いたこともあり、商品のライセンスを管理する子会社を立ちあげたのでした。

最初のミッキーグッズとなったノート

76

「魔法使いの弟子」の魔法使いはウォルトの分身？

　そもそもウォルト・ディズニーが『ファンタジア』(1940)を企画したのは、1930年代後半になり、アクの強いドナルド人気に押され気味のミッキーに、新境地を開いてあげたいという思いからでした。作中の一編「魔法使いの弟子」でミッキーは、みごとにウォルトの期待に応えます。ここでミッキーが仕える眼光鋭い大魔法使いの名前は、Yen Sid。じつはこれ、Disneyの逆つづりなのです。ウォルトのミッキーへの愛情が感じられますね。

77

ジョン・レノンもミッキーマウスの時計を愛用していた？

1933年に発売されて大ヒットしたミッキー時計が、1960年代後半に再び人気を博し、骨董市などでさかんに買い求められるようになりました。ジョン・レノンやアンディ・ウォーホールなど、時代をリードするアーティストたちもミッキー時計の愛用者だったとか。そのブームを受けて、ミッキーがデビュー40周年を迎えた1968年、文字盤にミッキーが描かれ、両腕が針になっている時計が再び発売されました。

78

ミッキーは一人二役を演じたことがある

ウォルトは、マーク・トウェイン作品の映像化を望んでいましたが、映画化権を獲得できず、ウォルト亡き後20年以上を経て『ミッキーの王子と少年』が実現しました

　アメリカの作家マーク・トウェインの「王子と乞食」を原作に作られた、1990年の『ミッキーの王子と少年』で、ミッキーは、王子と彼にそっくりな貧しい少年の二役を、みごとに演じわけました。少年時代のウォルト・ディズニーはマーク・トウェインの大ファンで、とくに「トム・ソーヤの冒険」に魅了されていたといいます。その思いは、パークの「蒸気船マークトウェイン号」や「トムソーヤ島」となって今に生きています。

79

ドナルドの誕生日は、13日の金曜日？

『かしこいメンドリ』のポスター

『三人の騎士』(1945) の冒頭でドナルドの誕生日に、ラテン・アメリカの友人から贈られてきたプレゼントに添えられていたカードに、「13日の金曜日」と記されています。ドナルドの誕生日については諸説ありますが、1970年、ディズニーの資料を管理する「ウォルト・ディズニー・アーカイヴス」設立を機に、ドナルドの誕生日は、デビュー作の『かしこいメンドリ』(1934) が公開された日付の6月9日と、公式に定められました。

80

ディズニーランドは当初
ミッキーマウス・パークだった

　カリフォルニアにディズニーランドがオープンしたのは、1955年の7月17日のことですが、ウォルト・ディズニーがパーク作りを考えはじめたのは、1940年代のはじめでした。当初は、スタジオの隣の土地に「ミッキーマウス・パーク」という、こぢんまりしたパークを作るつもりでしたが、第二次世界大戦で中断。再び企画が動き出してからは、どんどん構想が膨らみ、子どもから大人まで楽しめる〝夢と魔法の王国〟が誕生したのです。

81

あのパートナーズ像はミッキーの65回目の誕生日に作られた

カリフォルニアのディズニーランドのパートナーズ像

　東京ディズニーランドのフォトスポットとしても人気の、ウォルト・ディズニーとミッキーが手をつないでいるパートナーズ像。これは、2人の永遠のパートナーシップを称え、ミッキーの65回目の誕生日の1993年11月18日に、カリフォルニアのディズニーランドに設置されたものです。1995年にフロリダのマジックキングダム・パークに、1998年には東京ディズニーランドに、レプリカが贈られました。

82

ミッキーアニメと並行して作られた短編シリーズがある

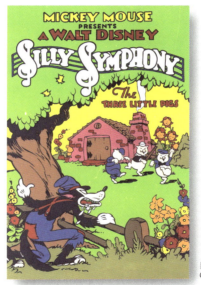

『三匹の子ぶた』のポスター

　1929年から始まった「シリー・シンフォニー」は、キャラクター主体のミッキー作品に対し、キャラクターを特定せず、バラエティーに富んだ作品が売りもののシリーズでした。ドナルドダックがデビューした『かしこいメンドリ』(1934)のほか、世界初のカラーアニメーション『花と木』(1932)、挿入歌の「狼なんかこわくない」が大ヒットした『三匹の子ぶた』(1933)、『みにくいアヒルの子』(1939)など、アカデミー賞受賞の名作もここから生まれました。

83

プルートは
冥界の王？

プルート・ザ・パプの
「pup」は「子イヌ」のこと。
でも、子イヌとはいいがたい
大型犬だけに、
まもなく単なるプルートに
なったようです

プルートの名前については、「仲間」を意味する「Pal」や、『ミッキーのピクニック』(1930)で使われた「Rover」などが候補にあがりましたが、決め手になったのは、「プルート・ザ・パプはどうだろう？」というウォルト・ディズニーの提案で、プルートがデビューした1930年に発見された冥王星（＝Pluto）にちなんで命名されたとか。Plutoは、冥界の王ハデスの別名でもあります。プルートは名犬か、迷犬か？　じつは冥犬だったのです。

84

グーフィーのアニメは
運転免許の教材に使われた

　ふだんは穏やかで礼儀正しいのに、ハンドルを握ると人が変わったように怒りっぽくなって悪態をついたり、スピード狂になったりする人、あなたの周りにいませんか？　1950年の『グーフィーの自動車大好き』は、グーフィーがそんな人物を演じて、むちゃくちゃな運転をしたあげく事故を起こす作品で、アメリカ全国の警察署で〝反面教師〟として、自動車免許のトレーニングコースの教材として使用されました。

85

20万円以上で取り引きされた
ミッキーの本がある

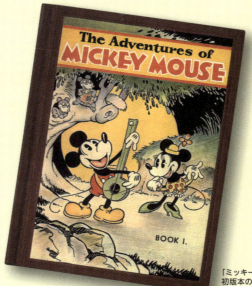

「ミッキーマウスの冒険」
初版本の表紙

最初にミッキーの本が出版されたのは1930年、ビーボ・アンド・ラング社が発行した「ミッキーマウス・ブック」でした。これはソフトカバーで、冊子のような形態でしたが、翌1931年にデヴィッド・マッケイ社から出版されたハードカバーの「ミッキーマウスの冒険」は大ヒットとなりました。こちらはコレクターズアイテムとして今も人気が高く、ネットで、初版本に2000ドル（20万円以上）もの値がついたこともあるほどです。

86

ミッキーは4本の
長編アニメーションに出演している

『ファンタジア／2000』では、前作の象徴的作品として、ミッキー主演の「魔法使いの弟子」が、最新のデジタル技術で甦りました

『ファンタジア』(1940)、『こぐま物語、ミッキーと豆の木』(1947)、『ロジャー・ラビット』(1988)、『ファンタジア／2000』(2000) の4本です。ウォルト・ディズニーは、『ファンタジア』を作ったとき、作品の一部を定期的に入れ替えながら変化し続ける映画にしたいと考えていましたが、当時は叶いませんでした。60年の時を経て、それを実現したのが『ファンタジア／2000』で、ドナルドもデイジーと一緒に出演を果たしました。

87

「ミッキーマウス・レビュー」はフロリダで生まれた

「ミッキーマウス・レビュー」は、2009年5月に惜しまれながらクローズ。現在は「ミッキーのフィルハーマジック」になっています

　かつて東京ディズニーランドのファンタジーランドにあった「ミッキーマウス・レビュー」を覚えていますか？　指揮者のミッキーがディズニーの仲間たちを率いてディズニーのヒットソングを披露する人気アトラクションでした。これは、1971年10月1日にオープンしたフロリダのマジックキングダム・パークのために作られ、1983年4月15日、東京ディズニーランドのオープンを祝ってフロリダから贈られたものでした。

88

ミッキーマウスは
アメリカンアートの最高傑作

　古典的な手描きのアニメーションで生まれたミッキーは、描きやすいように円の集合体でできています。頭は、顔の部分の大きな円に耳の小さな円が2つ、この大小3つの円だけで、ひと目でミッキーとわかるアイコンになっています。そして、顔の大きな円と胴体の円は、1対1の比率です。ニューヨーク市にある有名な「メトロポリタン美術館」は、ミッキーマウスはアメリカのアート史上における最高傑作だと称えました。

ミッキーの初期の作品は、当時の流行がネタになっている

『ギャロッピン・ガウチョ』

第1作の『プレーン・クレイジー』が、リンドバーグの偉業を題材にしているように、『ギャロッピン・ガウチョ』は、当時人気の二枚目スター、ダグラス・フェアバンクス主演の『ガウチョ』(1927)が、『蒸気船ウィリー』は、チャップリンと並ぶ喜劇俳優バスター・キートン主演の『キートンの蒸気船 (Steamboat Bill Jr.)』(1928)がヒントになっています。こうしてミッキーは、彼らと肩を並べる大スターになるべくスタートを切ったのでした。

ミッキー、めでたし、90年！

2018年11月18日、ミッキーはデビュー90周年を迎えました。世界にスターは星の数ほどいるといえども、これほど長くエンターテイメントの世界の頂点に君臨しているのは、ミッキーをおいてほかにいません。ミッキーの活躍は、さらに続きます。フレー、フレー、ミッキー！

短編・中編作品索引
index

『カーニバル・キッド』(1929)……………44
The Karnival Kid

『かしこいメンドリ（シリー・シンフォニー・シリーズ）』
(1934)……………………………06,79,82
Silly Symphony Series/The Wise Little Hen

『ギャロッピン・ガウチョ』(1928)……03,26,89
Gallopin' Gaucho

『グーフィーの自動車大好き』(1950)………84
Motor Mania

『グーフィーの乗馬教室（リラクタント・ドラゴン）』
(1941)……………………………………53
The Reluctant Dragon/How to Ride a Horse

『子ねこのフィガロ』(1946)………………60
Bath Day

『三匹の子ぶた（シリー・シンフォニー・シリーズ）』
(1933)……………………………10,11,82
Silly Symphony Series/Three Little Pigs

『蒸気船ウィリー』(1928)
………………01,02,03,05,09,23,26,29,89
Steamboat Willie

『ドナルドのダンス大好き』(1940)…………25
Mr. Duck Steps Out

『ドナルドのメキシカン・ドライブ』(1937)……25
Don Donald

『ドナルドの腕白教育』(1938)………………72
Donald's Nephews

『花と木（シリー・シンフォニー・シリーズ）』(1932)
…………………………………………71,82
Silly Symphony Series/Flowers and Trees

『フィガロとクレオ』(1943)………………60
Figaro and Cleo

『フィガロとフランキー』(1947)……………60
Figaro and Frankie

『プルートの五つ子』(1937)………………16
Pluto's Quin-Puplets

『プルートの仲直り』(1944)………………60
First Aiders

『プルートの悩み』(1941)…………………59
Lend a Paw

『プルートの二等兵』(1943)………………20
Private Pluto

『プレーン・クレイジー』(1928)…03,04,26,89
Plane Crazy

『魔法使いの弟子（ファンタジア）』(1940)
………………………………02,22,24,39,76,86
Fantasia/The Sorcerer's Apprentice

『ミッキー一座』(1932)………………28,38
Mickey's Revue

『ミッキーとあざらし』(1948)………………08
Mickey and the Seal

『ミッキーの愛犬』(1939)…………………16
Society Dog Show

『ミッキーの愛犬プルート』(1933)…………59
Mickey's Pal Pluto

『ミッキーのアイス・スケート』(1935)………70
On Ice

『ミッキーのアルバイトは危機一髪』(1995)
Runaway Brain……………………08,14,49

『ミッキーの移動住宅』(1938)………………63
Mickey's Trailer

『ミッキーの犬泥棒』(1934)………………16
The Dognapper

『ミッキーの王子と少年』(1990)……………78
The Prince and the Pauper

『ミッキーのオーケストラ』(1942)…………38
Symphony Hour

『ミッキーの大時計』(1937)………………63
Clock Cleaners

『ミッキーのお化け退治』(1937)……………63
Lonesome Ghosts

『ミッキーのオペラ見物』(1929)············ 21
The Opry House

『ミッキーのガリバー旅行記』(1934)········ 24
Gulliver Mickey

『ミッキーの巨人征服』(1933)············ 45
Giantland

『ミッキーの巨人退治』(1938)········ 08,45
Brave Little Tailor

『ミッキーのグランドオペラ』(1936)······· 38
Mickey's Grand Opera

『ミッキーのクリスマスキャロル』(1983)
Mickey's Christmas Carol············ 08,18,24

『ミッキーの子沢山』(1931)··········· 08,71
Mickey's Orphans

『ミッキーの自動車修理』(1935)············ 63
Mickey's Service Station

『ミッキーの芝居見物』(1934)·············· 06
Orphan's Benefit

『ミッキーの青春手帳』(1941)·········· 65,66
The Nifty Nineties

『ミッキーの造船技師』(1938)·············· 63
Boat Builders

『ミッキーの大演奏会』(1935)·············· 38
The Band Concert

『ミッキーの誕生日』(1942)················ 34
Mickey's Birthday Party

『ミッキーのつむじ風』(1941)·············· 51
The Little Whirlwind

『ミッキーの動物音楽隊』(1931)············ 38
Blue Rhythm

『ミッキーの道路工事』(1934)·············· 61
Mickey's Steam Roller

『ミッキーの日曜日』(1933)················ 16
Puppy Love

『ミッキーのバースデー・パーティー』(1931)
The BIrthday Party ················ 34

『ミッキーの畑仕事』(1929)················ 07
The Plow Boy

『ミッキーの浜辺騒動』(1931)·············· 07
The Beach Party

『ミッキーのピクニック』(1930)········ 36,83
The Picnic

『ミッキーのフォーリーズ』(1929)··········· 35
Mickey's Follies

『ミッキーの捕鯨船』(1938)················ 63
The Whalers

『ミッキーの街の哀話』(1932)·············· 55
Mickey's Good Deed

『ミッキーの摩天楼狂笑曲』(1933)·········· 08
Building a Building

『ミッキーのミニー救出大作戦』(2013)
Get a Horse!································ 08,48

『ミッキーの名優オンパレード』(1933)········· 13
Mickey's Gala Premiere

『ミッキーの夢物語』(1936)················ 24
Thru the Mirror

『ミッキーの陽気な囚人』(1930)············ 36
The Chain Gang

『ミッキーのライバル大騒動』(1936)········ 42
Mickey's Rival

『ミッキーの猟銃』(1931)·················· 36
The Moose Hunt

『ミッキーの猟は楽し』(1939)·········· 08,66
The Pointer

『みにくいアヒルの子(シリー・シンフォニー・シリーズ)』
(1939)·································· 82
The Ugly Duckling

『名指揮者ミッキー』(1930)················ 38
The Barnyard Concert

『リス君は歌姫がお好き』(1952)·············· 67
Two Chips and a Miss

『リスの住宅難』(1947)···················· 40
Chip an' Dale

『リスの食糧難』(1949)···················· 40
All in a Nutshell

『リスの船長』(1956)······················ 40
Chips Ahoy

『リスの山小屋合戦』(1946)················ 20
Squatter's Rights

参考資料
- 『the ultimate Disney trivia book』
  Kevin Neary, Dave Smith 著／Hyperion
- 『the ultimate Disney trivia book 2』
  Kevin Neary, Dave Smith 著／Hyperion
- 『the ultimate Disney trivia book 3』
  Kevin Neary, Dave Smith 著／Hyperion
- 『Disney A to Z：
  The Official Encyclopedia』
  デイヴ・スミス著／ぴあ
- 『ディズニーアニメーション大全集　新版』
  ディズニーファン編集部編／講談社
- 『ディズニークロニクル　1901-2001』
  デイヴ・スミス、スティーヴン・クラーク著／講談社
- 『MICKEY MOUSE 偉大なるネズミ伝説』
  ラッセル・シュローダー著／徳間書店
- 『ディズニー・トリビア』柳生すみまろ監修／講談社
- 『アートで見る
  ウォルト・ディズニーとミッキーマウス』
  ジェシカ・ワード著／講談社
- 『ウォルト・ディズニー　創造と冒険の生涯』
  ボブ・トマス著／講談社
- 『ミッキーマウスヴィンテージ・ウオッチ』
  ロバート・ハイド、ジョン・ギルマン著／講談社

Disney ミッキーマウス 90のひみつ

2018年11月18日　第1刷発行

編	講談社
文	小宮山みのり
装　丁	吉田優子（Well Planning）
発行者	渡瀬昌彦
発行所	株式会社　講談社
	〒112-8001　東京都文京区音羽2-12-21
	編集☎03-5395-3142
	販売☎03-5395-3625
	業務☎03-5395-3615
印刷所	共同印刷株式会社
製本所	大口製本印刷株式会社

ISBN978-4-06-511524-4
N.D.C.778　95p　19cm

落丁本・乱丁本は購入書店名を明記のうえ、小社業務あてにお送りください。送料小社負担にておとりかえいたします。内容についてのお問い合わせは、海外キャラクター編集あてにお願いいたします。本書のコピー、スキャン、デジタル化等の無断複製は著作権法上での例外を除き禁じられています。本書を代行業者等の第三者に依頼してスキャンやデジタル化することは、たとえ個人や家庭内の利用でも著作権法違反です。
定価はカバーに表示してあります。

Printed in Japan　©2018 Disney
JASRAC出　1810660-801